AF266884

PÉTITION

ADRESSÉE

A L'ASSEMBLÉE

NATIONALE

PAR

M. ADOLPHE SAÏSSET

ANCIEN MEMBRE DU CONSEIL GÉNÉRAL DE L'HÉRAULT,

Condamné des commissions mixtes de 1852.

Prix : 1 franc

PARIS

E. DENTU, ÉDITEUR

LIBRAIRE DE LA SOCIÉTÉ DES GENS DE LETTRES

ET DE LA SOCIÉTÉ DES AUTEURS DRAMATIQUES

Palais-Royal, 17 et 19, galerie d'Orléans.

1872

PÉTITION

ADRESSÉE

A L'ASSEMBLÉE

NATIONALE

PAR

M. ADOLPHE SAÏSSET

ANCIEN MEMBRE DU CONSEIL GÉNÉRAL DE L'HÉRAULT,

Condamné des commissions mixtes de 1852.

———

Prix : 1 franc

PARIS

E. DENTU, ÉDITEUR

LIBRAIRE DE LA SOCIÉTÉ DES GENS DE LETTRES
ET DE LA SOCIÉTÉ DES AUTEURS DRAMATIQUES

Palais-Royal, 17 et 19, galerie d'Orléans.

—

1872

PÉTITION

A L'ASSEMBLÉE NATIONALE

Messieurs les Représentants,

Des bruits de complot en faveur d'une restauration impériale circulent depuis plusieurs mois dans le public, mais on est porté à les croire dénués de fondement sérieux, ou du moins à les considérer comme amplifiés par l'exagération, nulle mesure ne paraissant avoir été prise contre les fauteurs qui s'en rendaient coupables. Chacun a la conviction que le pouvoir surveillait ces menées, et que son indifférence est motivée par le ridicule et l'indignité du but poursuivi.

Se méprenant sur les causes de leur impunité, méconnaissant qu'ils n'en étaient redevables qu'au dé dain qu'inspiraient leurs tentatives, les conspirateurs, sans plus se contraindre, ont redoublé d'assurance et produit leurs manœuvres au grand jour. Il est de toute notoriété qu'ils ont établi ostensiblement une organisation modelée sur l'administration de l'ex-empire [1]; que cette installation possède à Paris un centre directeur se composant d'individualités en évidence sous le despotisme impérial, et en province des ramifications parmi les fonctionnaires du régime déchu que le gouvernement actuel a maintenus en exercice.

L'exécution de leur plan a d'abord commencé par diffamer la République, qu'ils se proposent de renverser; pour cela, ils ont gratuitement et à profusion répandu, dans la campagne et les casernes, des écrits tendant à faire retomber sur les républicains la responsabilité d'une situation douloureuse, que leur folle présomption, au su de tout le monde, a pourtant seule amenée. Ensuite, pour faciliter l'effet de cette calomnie, des agents à leur solde ont injurié et attaqué, au cri de *vive la République* [2], des militaires isolés, espérant ainsi rejeter l'odieux de leurs propres attentats sur les partisans de cette forme constitutive.

Jusqu'ici, le bon sens des paysans et des soldats a fait justice de moyens que l'honnêteté réprouve; les conspirateurs n'ont retiré de leurs démarches que de la confusion, la plus énergique répulsion leur ayant

---

1. D'après le *Times*, la *Gazette de France* du 14 avril 1872.

2. D'après la *Patrie* de Genève, la *Dépêche* de Toulouse, du 20 février 1872.

été témoignée ; mais n'oublions pas qu'ils apparti.:n-
nent à une faction tenace dans ses projets criminels,
et qui, afin de les réussir, a pour tradition de faire
appol aux violences, aux sanglants coups de main,
aux assassinats en masse et longuement prémédités.
Malg.é leur insuccès, il faut donc s'attendre de leur
part à quelque surprise de cette catégorie.

En une telle conjoncture, permettez-moi donc, Messieurs les Représentants, de vous soumettre le récit de
faits relatifs aux poursuites dont je fus victime après
le coup d'État, et à celles qui m'ont incessamment
menacé pendant toute la durée de l'empire ; ils me
sont personnels, il est vrai, et aux yeux de quelques-
uns ma véracité pourra paraître suspecte, mais de
nombreuses personnes en témoigneraient au besoin,
sans compter mes très-nombreux collègues en ces
déplorables persécutions.

La nouvelle de la révolution de février parvint à
Capestang, petite ville que j'habitais alors, dans la ma-
tinée du vendredi 25 ; le commissaire de police aussitôt se hâta de quitter la commune, bien qu'il n'eût été
l'objet d'aucune menace, et encore moins de voies de
fait.

D'autre part, soit crainte de se voir l'objet de démonstrations hostiles, soit pour tout autre motif, la municipalité était aussi devenue invisible ; de sorte que
la tranquillité publique se trouvait livrée à tous les
hasards de l'imprévu.

Cela dura ainsi jusqu'au dimanche soir, c'est-à-
dire trois jours.

La fermentation de la classe populaire s'était ac-
crue par l'abandon même des dépositaires de l'autorité : elle se plaignait hautement de ce que la République, proclamée à Paris, ne l'avait pas encore été
à Capestang, preuve, disait-elle, de mauvais vouloir
pour le nouvel ordre de choses et de regrets à
l'égard de la monarchie.

Quelques-uns des plus influents parmi elle vinrent
enfin nous déclarer que, si nous ne procédions à cette
proclamation, ils étaient décidés à se passer de nous,
et à la faire eux-mêmes.

Inquiets d'une telle éventualité, nous nous résolû-
mes à instituer une commission provisoire, en rempla-
cement de la municipalité, toujours se dérobant à la
situation. Sur les instances de ceux qui la composaient,
je dus accepter d'en être le président ; les fonctions
de vice-président échurent à un de mes concitoyens
deux fois millionnaire ; ce qui vous indique, Messieurs les Représentants, l'esprit dont nous étions ani-
més ; car à Capestang, ainsi du reste qu'en beaucoup
d'autres localités de notre pays, on estime que chacun,
à très-peu d'exceptions près, est intéressé au main-
tien de l'ordre en raison directe des biens qu'il possède.

Le lendemain lundi, qui était le quatrième jour
depuis que la connaissance de la révolution nous était
parvenue, nous effectuâmes de vive voix, dans tous les
carrefours, et par écrit sur le registre des délibérations, notre adhésion absolue à la république de Paris.
Nous étions d'autant plus empressés d'accomplir cet

acte, que pas un de nous n'était républicain ; mais nous croyions prudent de commettre cette infraction à la vérité, la République nous ayant jusqu'alors été présentée comme une institution peu désirable, et capable de nous demander compte d'un retard qui pourrait nous être reproché comme manque de patriotisme.

Le long délai que nous avions mis à la formation de notre commission provisoire, démontre surabondamment qu'en cette circonstance nous n'étions guidés par aucune de ces mesquines rivalités, qui maintiennent en division les petites villes de province.

Par leur attitude subséquente d'ailleurs, ces autorités dépossédées témoignèrent que nous leur avions rendu grand service, de les débarrasser à temps d'une situation qui menaçait de se terminer d'une façon plus désagréable.

L'élection prochaine consacra notre commission, qui, de provisoire qu'elle était, devint conseil municipal définitif ; je fus choisi pour maire et mon vice-président pour adjoint.

Mon administration se prolongea jusqu'au mois de décembre 1852.

Le 4 de ce mois, ayant été prévenu que des gens armés, appartenant au parti républicain rouge, stationnaient aux abords extérieurs de celle des avenues de la ville qu'on nomme la porte de Béziers, je m'y rendis sans délai, et, me trouvant en leur présence, leur demandai la cause de leur rassemblement.

Ils me répondirent qu'ayant appris que le président

de la République, au lieu de veiller au salut de la Constitution, ainsi que l'y aurait obligé son serment, avait, au contraire, tenté de la renverser, ils s'étaient armés pour s'opposer au succès de sa trahison ; que dans ce but ils allaient s'emparer de la mairie, espérant que les villes de province agiraient comme eux, et que l'attentat perpétré à Paris se trouverait par là réduit à l'impuissance.

Ne trouvant aucune bonne raison à opposer au motif ainsi formulé de leur soulèvement, je me bornai à leur dire que leur prise d'armes ne pourrait en rien influer sur le résultat définitif de l'opposition, contre le coup d'État, qu'ils supposaient de la part des villes de province ; qu'au surplus, les fonctions de maire m'ayant été régulièrement confiées par les suffrages de mes concitoyens, l'hôtel de ville se trouvait sous ma responsabilité, et que j'étais décidé à le défendre envers et contre tous.

Je renouvelai longtemps mes exhortations, mais, malgré mon insistance, je ne pus les faire renoncer à leur dessein ; ils se mirent sur deux rangs, et, précédés d'un tambour, se dirigèrent vers la mairie ; de mon côté, hâtant le pas, je les précédai en prenant par des rues plus directes.

La colonne ne tarda pas à arriver ; elle occupa la place de la mairie jusque auprès de la porte de cet édifice, dont j'avais laissé l'un des battants ouverts, me tenant sur la partie du seuil qui y correspondait. Mon agent rural était auprès de moi, mais à l'intérieur, derrière le battant resté fermé.

Le rassemblement était nombreux et très-animé, mais nulle menace n'était proférée contre personne, pas même contre moi, quoique ma présence fût le seul obstacle à l'accomplissement de leur dessein. Je repris mes exhortations de tout à l'heure, et ceux de mon voisinage le plus immédiat, convaincus par mes objections, me secondèrent bientôt auprès de leurs camarades ; j'espérais donc les décider enfin à se séparer, lorsqu'un grand tumulte se produisit au sein de leur attroupement.

C'était à l'occasion du brigadier de la gendarmerie qui, en petite tenue, s'avançait vers l'hôtel de ville, traversant avec difficulté la foule, qui le poussait et l'interpellait avec véhémence.

Ne pouvant beaucoup m'éloigner du seuil sur lequel je me tenais, de crainte que la porte ne fût envahie, je m'approchai néanmoins de lui autant qu'il me fut possible, et l'aidai à pénétrer dans le corridor, en m'interposant au-devant des assaillants ; je parvins à les retenir au dehors, mais leur irritation s'était considérablement augmentée.

Le brigadier m'apprit qu'il venait sur l'appel de M. le juge de paix qui l'avait mandé.

En disant ces mots, il avait tourné le bouton de la porte du cabinet de ce magistrat, qui se trouvait dès l'entrée où nous nous tenions.

Elle était fermée à clef.

Le valet de ville nous annonça qu'il venait de quitter la mairie.

Depuis l'arrivée du brigadier l'attitude de la foule

soulevée était devenue décidément menaçante ; elle réclamait contre la protection que je lui accordais, et je ne pouvais me dissimuler que le moment où il me serait impossible de la contenir, s'il n'était déjà venu, était du moins fort proche.   .

Pour tout au monde, cependant, je n'aurais consenti à l'abandonner ; mais la situation s'aggravait de plus en plus... Enfin nous songeâmes à un moyen qui devait le mettre en pleine sûreté, en nous dégageant nous-mêmes :

La maison d'école, attenante à l'hôtel de ville, ayant sortie sur une rue très-peu fréquentée, le brigadier y fut introduit par une cour qui leur est commune ; et afin que personne, d'entre les rouges, ne pût s'apercevoir de son évasion, je fermai le battant de la porte qui jusque-là était resté ouvert ; je le laissai pourtant un peu entre-bâillé, craignant que si je le fermais complétement, il ne fût aussitôt enfoncé, les assaillants n'étant plus retenus par mon influence morale, unique force à ma disposition depuis le début, et dans laquelle j'espérais encore, bien que je ne pusse me refuser à la conviction qu'elle était extrêmement réduite depuis l'arrivée du brigadier ; je le laissai donc entr'ouvert, afin de les avoir toujours sous les yeux.

Quelques minutes s'écoulèrent.... les clameurs et le tumulte avaient considérablement grandi, comme les imprécations et les menaces ; enfin, reconnaissant que ma défense ne pouvait plus se prolonger, et sachant de toute certitude que le brigadier était parvenu à s'évader, j'eus l'idée d'une transaction, afin de ne pas me voir chassé de l'hôtel de ville, par un assaut de vive force auquel je n'avais nul moyen de résister.

Je leur annonçai donc que le brigadier étant parti et déjà loin, leur insistance était inutile; que s'ils doutaient de mon affirmation, il leur était loisible de vérifier par eux-mêmes qu'il n'y était plus, consentant à ce que deux d'entre eux, délégués à cet effet, vinssent s'en assurer par une perquisition.

Après quelques préliminaires, que je fis durer autant que possible, afin de donner plus d'avance au brigadier, ma proposition fut acceptée; mais, à peine était-elle en voie d'exécution, qu'un bruit de pas de chevaux marchant sur le pavé se fit entendre : aussitôt, un cri sortit de toutes les bouches :

Voici les gendarmes !

Se retournant alors, la multitude s'élança au pas de course du côté par lequel ils venaient.

Alarmé par l'imminence d'une collision que je voulais éviter à tout prix, je me précipitai à mon tour dans la même direction, et, malgré l'encombrement de tant de monde, parvins au-devant des plus avancés qui, s'arrêtant, déjà épaulaient leurs fusils.

« Ne tirez pas... ne tirez pas, » leur dis-je, en leur faisant face, et me tenant auprès d'eux à les toucher...

Un silence profond s'était établi...

Nul ne bougeant, je voulus ordonner aux gendarmes de s'arrêter et de revenir sur leurs pas; me retournant donc vers eux, je leur faisais de la main un geste dans ce but, afin de suppléer à ma parole, impuissante d'émotion, quand j'eus la douleur d'entendre une détonation d'arme à feu, à laquelle quatre ou cinq autres immédiatement succédèrent.

Supposant que les gendarmes allaient répondre à cette décharge, je me rangeai instinctivement derrière le coin d'une dépendance de la maison voisine, en saillie sur la rue, afin de ne pas rester exposé à leurs projectiles; mais ils s'éloignèrent sans riposter.

Parmi tous ces gens armés, quels étaient les auteurs des détonations qui s'étaient produites, pendant que je faisais signe aux gendarmes de rebrousser chemin?

Impossible de le savoir; la foule était compacte, et échelonnée sur un terrain en pente, de sorte que les hommes des derniers rangs avaient pu décharger leurs fusils avec autant de facilité que ceux du premier, sans courir le risque de blesser personne au-devant d'eux. C'est justement ce qui était arrivé; car un ancien militaire, convaincu par l'instruction d'avoir tiré, était placé dans l'intérieur du groupe.

Très-préoccupé du caractère de gravité qu'avait acquis le soulèvement, je repris le chemin de l'hôtel de ville dont j'étais séparé par toute la longueur de la place : cinquante mètres environ. Sur mon chemin, j'accostai certains de ceux que je présumais le plus accessibles à des paroles de conciliation : après avoir déploré l'incident qui venait de se produire, je les engageai à seconder mes efforts, afin d'obtenir la séparation à laquelle je travaillais depuis le matin. Ils y étaient assez portés, et j'avais l'espoir avec leur appui de parvenir enfin à ce résultat, lorsque nous entendîmes encore le pas de chevaux et de nouvelles détonations. Une balle vint frapper à côté de nous le mur de la maison Lignon.

C'était toujours le brigadier, mais seul, cette fois ; par un détour, il était venu au haut d'une place qui communique à celle de la Mairie, et avait déchargé sa carabine, mais, fort heureusement, il n'atteignit personne ; les autres détonations que nous avions entendues provenaient des rangs du soulèvement, et j'ignore si elles avaient précédé la sienne.

Une plus vive surexcitation se répandit dès lors parmi les rouges : après quelques moments, cependant, un calme relatif se rétablit, et ils se formèrent en groupes divers ; certains allaient de l'un à l'autre, comme s'ils concertaient quelque nouvelle entreprise, à laquelle quelques-uns étaient opposés ; enfin, s'étant encore mis sur deux rangs, comme le matin quand ils s'étaient dirigés vers la mairie, ils commencèrent à s'éloigner. Toutefois, la direction dans laquelle ils s'engageaient, me faisant craindre qu'ils ne voulussent aller à la caserne de la gendarmerie, faire un mauvais parti au brigadier, je les devançai donc encore et allai me porter au coin de la maison Delpi, qui forme le point d'intersection entre la rue qu'ils suivaient et celle de la caserne.

Le moment était solennel... je me croyais en grand

péril, étant décidé à tout risquer pour les empêcher
d'assaillir la gendarmerie; mais, parvenus auprès de
moi, sans la moindre hésitation, ni tentative pour se
détourner de leur droit chemin, ils continuèrent leur
marche, par le boulevard intérieur de la ville, vers
la porte de Béziers, d'où ils étaient partis le matin.

Momentanément délivré d'inquiétude à cet égard,
je me rendis à la caserne; j'y trouvai l'un des gendarmes blessé-d'un coup de feu à la jambe. Après
l'avoir rassuré, autant qu'il était en moi, sur les
suites de sa blessure, lui et sa famille, je lui annonce
que je le ferais soigner aux frais de la commune;
j'envoyai aussitôt à Béziers prendre un médecin pour
juger de son état et lui administrer les soins néces-
saires.

Dans la soirée, je rédigeai une proclamation que
je débitai en personne dans les principales rues de la
ville; les rouges ne renouvelèrent pas leur mani-
festation, et tout rentra dans l'ordre accoutumé.

Le lendemain, j'adressai à M. le sous-préfet un
rapport sur cette malheureuse collision, et deux jours
après je me rendis moi-même à la sous-préfecture.
Le sous-préfet me dit qu'à mon rapport il manquait
le nom de ceux qui avaient tiré sur les gendarmes;
je lui répondis que je n'en avais aucune connaissance; qu'au moment où les coups de fusil furent
tirés, je n'avais pas songé à une telle recherche
dans la confusion du moment; mais qu'une instruction ferait certainement découvrir ce qu'il me de-
mandait.

Béziers et quelques communes de son arrondissement avaient été le théâtre de démonstrations semblables à celles dont je viens de vous faire le récit ; des arrestations se pratiquaient dans la ville, et le parquet, accompagné d'une colonne mobile de soldats, allait tous les jours en opérer dans les localités foraines.

Le 9 décembre, ils vinrent à Capestang.

Ce jour-là, je fus réveillé à six heures du matin par de grands coups de marteau frappés à la porte de ma maison , par le brigadier de la gendarmerie, qui ayant été introduit m'annonça que j'étais attendu à la mairie par le colonel commandant l'état de siége, le sous-préfet, le procureur de la République et le juge d'instruction.

Je me dirigeai donc vers la mairie.

Sur mon passage , je trouvai toutes les rues militairement occupées... Une sentinelle à chaque carrefour... De temps en temps des coups de feu se faisaient entendre... Sur la place de la Mairie, une pièce de canon...

Je montai au cabinet ; il était occupé par le chef de l'état de siége et les fonctionnaires mentionnés par le brigadier.

En ce moment, plusieurs détonations éclataient à la fois au dehors.

Le colonel me dit :

« Entendez-vous ces coups de feu ?... Le sang versé retombera sur votre tête...

— Colonel, répliquai-je, s'il y a du sang versé, nul

n'en sera responsable que celui qui en a donné le commandement ; pour mon compte, je suis sans inquiétude sur les conséquences que vous avez en prévision.

— Vous allez publier un ordre de désarmement, reprit-il ; faites savoir à tous les habitants de la ville qu'ils aient à rester chez eux, sous peine de se trouver exposés aux coups de fusil des sentinelles, et recommandez-leur de déposer sur le seuil de la porte de leur maison toutes les armes qu'ils possèdent. »

Je pensai que ces mesures auraient eu plus d'à-propos, si on les eût exécutées avant de donner l'ordre de tirer les coups de fusil que j'avais entendus ; mais, je n'eus pas la fermeté, je l'avoue, d'en faire l'observation à mes interlocuteurs ; car tous ceux qui se trouvaient dans le cabinet s'étaient joints au colonel et me parlaient à la fois.

Accompagné de deux soldats et d'un tambour, je passai dans toutes les rues, afin d'exécuter l'ordre qui venait de m'être donné.

De retour à la mairie, je trouvai dans la salle des délibérations, près de la porte du cabinet, M. l'abbé T... qui, protégé par son habit ecclésiastique, avait pu impunément sortir de chez lui. En me voyant, il vint à moi avec précipitation, et d'un ton désespéré, me dit :

« On va procéder à votre interrogatoire ; si vous ne parlez pas, vous serez fusillé ; » et, désignant la porte du cabinet, il ajouta :

« Les messieurs réunis là dedans viennent de délibérer à votre égard ; il y a eu divergence d'opinions sur ce qu'il fallait faire de vous ; l'un d'eux a beaucoup insisté pour que vous fussiez fusillé au préalable, et sans plus attendre...

— Me fusiller... eh ! pourquoi donc ?... quel crime ai-je commis ?... a-t-on dit le motif de cette extrémité ? Et quel est celui qui a mis une telle persistance à vouloir qu'on me fît passer par les armes ? Est-ce le sous-préfet... le procureur de la République... le colonel ?

— Non ! interrompait toujours M. l'abbé... l'autre... le juge... le juge de Béziers...

— X ? m'écriai-je, au comble de l'étonnement.

— J'ignore son nom, reprit l'abbé, mais c'est le seul parmi eux que j'aie reconnu pour être de Béziers. »

Il n'y avait du pays, en effet, que le juge d'instruction ; tous les autres étaient étrangers.

Faisant appel à tout le calme, à toute la modération dont je pouvais être susceptible, je pénétrai dans le cabinet.

Le colonel prenant la parole :

« Je vous révoque de vos fonctions de maire, dit-il... Vous allez rester avec M. le juge d'instruction... Il vous interrogera... Dites-lui tout ce que vous savez.

— Colonel, je n'ai jamais rien caché à la justice, lorsque j'ai été appelé à témoigner devant elle ; mais, en aucun cas, je ne puis dire que ce qui est à ma connaissance. »

Il sortit avec les autres, sauf le juge d'instruction, et le greffier de la justice de paix, qui devait l'assister comme secrétaire.

« Vous n'avez pas voulu, l'autre jour, répondre à M. le sous-préfet sur un point très-important qu'on attendait de vous, dit le juge d'instruction; vous lui avez caché le nom des assassins qui ont tiré sur les gendarmes; le conseil vient d'avoir la faiblesse de décider qu'il fallait passer outre à votre refus, sans vous en demander compte... »

Je ne pouvais me méprendre sur la véritable signification des paroles qui m'étaient adressées ; M. l'abbé a bien entendu, dis-je à part moi... C'est cet homme-là qui en voulait à ma vie.

« Maintenant, avait continué le juge d'instruction, j'ai à vous demander d'autres renseignements... »

Après quelques questions sans grande importance, il ajouta :

« Ch... n'était-il pas le chef de la société secrète?

— Je ne sais, lui répondis-je... on m'avait prévenu, il est vrai, de l'existence de cette société à Capestang, et après m'être concerté avec le sous-préfet, j'avais même pris des mesures pour découvrir le lieu de ses réunions, mais j'ignorais qui en était le chef...

— Quoi ! reprit-il en élevant très-fortement la voix, dans votre résolution de taire la vérité, nierez-vous aussi que Ch... ne fût chef de la section de Capestang !

— Eh ! comment pourrais-je le savoir?... les affiliés ne m'ont pas mis dans leur confidence...

— Vous ne voulez donc point parler, interrompit-il avec un emportement indicible... Vous êtes un brigand !»

En parlant ainsi, il avait fait un geste qui, en réponse, eût mérité autre chose que des paroles...

Malgré l'indignation, malgré l'immense colère que soulevaient en moi ces ignobles injures ; malgré les sollicitations de tous mes sens qui me poussaient à réprimer les insolences d'un frénétique, je pus me contenir, sentant bien que s'il m'avait insulté, c'est qu'il espérait me perdre en provoquant mes représailles... Ma vie tenait à un cheveu... Pour lui marquer du moins le mépris que son action m'inspirait, je me croisai les bras sur la poitrine et le regardai en face.

Plus furieux encore de voir que mon sang-froid ne m'avait pas abandonné, il s'élança vers la croisée, et l'ouvrant avec violence :

« Colonel, s'écria-t-il à pleine voix, M. le sous-préfet... M. le procureur de la République !... montez... venez vite... il ne veut point parler... Dépêchez-vous donc... il faut reprendre la délibération de ce matin... »

Ces messieurs accoururent, il était temps. Mes yeux s'obscurcissaient de larmes... je ne pouvais plus me contenir.

Sans attendre que le juge d'instruction leur eût exprimé les circonstances de ma déposition dont il aurait prétendu motiver son véhément appel, le colonel me dit :

« Vous pouvez descendre, et vous en aller. »

Dans une des salles du rez-de-chaussée, je trouvai le conseil municipal réuni en permanence ; autant que je puis me le rappeler, tous ses membres étaient présents.

Je leur fis part des insultes du juge d'instruction.

En apprenant ce qui venait de m'arriver, ils me prodiguèrent les plus chaleureuses sympathies, et s'écrièrent qu'ils voulaient donner leur démission, comme marque de mécontentement ; mais je parvins à les en dissuader, afin que l'on ne pût m'accuser de causer de l'embarras à l'administration.

Ils m'apprirent que la ville était livrée à la désolation la plus affreuse ; que les soldats, dès le matin, en avaient cerné les avenues extérieures, comme les rues et les carrefours, et tiré sans distinction ainsi que sans avertissement sur tous les habitants qui se présentaient, bien qu'ils n'en eussent éprouvé ni provocation ni résistance ; qu'un homme avait été tué, et un autre blessé ; enfin, que s'il n'était pas à déplorer de plus nombreuses victimes, c'est que, à part quelques imprudents qui étaient sortis pour s'enfuir, chacun était resté chez soi.

Une multitude d'arrestations furent opérées à Capestang et dans tout l'arrondissement de Béziers ; mais les unes et les autres étaient marquées d'un tel caractère de sauvage rigueur et de vengeance personnelle, que j'avais pris la résolution d'aller à Paris informer le président de la République des infamies qui se commettaient en son nom, croyant, dans ma grotesque naïveté, que c'était à son insu que tous ces assassinats s'étaient produits. Toutefois, ayant publiquement manifesté mon intention à cet égard, le 17 du mois de janvier, quarante jours après la sauvage exécution de Capestang, on m'arrêta moi-même.

Je fus écroué à la maison d'arrêt de Béziers, sous l'inculpation du crime de haute trahison.

Le prétexte, Messieurs les Représentants, était mal trouvé et témoigne de la mauvaise foi de mon persécuteur ; car, sous l'influence des déplorables écrits bonapartistes qui, sous le règne de Louis-Philippe, nous inondaient sous toutes les formes, journaux, revues, brochures, almanachs, etc., j'avais émis en faveur de la cause impériale et dans l'exercice de mes fonctions des actes compromettants.

Mes opinions étaient si connues que *le Messager du Midi*, journal paraissant à Montpellier, disait dans son numéro du 25 mai 1852, que du temps de la République, j'étais impérialiste ardent, le seul au conseil général.

Mon arrestation avait donc un autre motif que celui mentionné sur l'écrou.

Il me serait facile, Messieurs les Représentants, de démontrer qu'elle fut uniquement déterminée par une rancune personnelle, que prenait à sa charge le juge d'instruction, le seul membre du conseil qui, le matin, eût opiné pour me faire sommairement fusiller ; ce qui s'explique par ses relations dans notre ville. Mais, ce serait sans utilité pour le but que je me propose, et je craindrais d'abuser de votre temps.

Après un séjour de deux mois et demi dans la maison d'arrêt de Béziers, je fus transféré à celle de la citadelle de Montpellier ; c'était le 1er ou le 2 d'avril 1852. Le 17 du même mois, on me donna avis que la commission mixte de Béziers m'avait condamné à un exil indéterminé, et je fus autorisé à me rendre à Capestang faire mes préparatifs de départ ; mais, à peine chez moi, j'appris que ma grâce avait été obtenue par quelques amis de ma famille.

Malgré cette mesure, les autorités locales voulaient m'assujettir à la surveillance de la police, comme les forçats libérés. Il fallut encore de nouvelles démarches pour me préserver de cette honte.

Des tracasseries continuelles m'obligèrent néanmoins à quitter mon pays quelque temps après, et je vins me fixer à Béziers, croyant en avoir fini avec ces persécutions ; mais elles m'y suivirent, et je n'en fus définitivement délivré que par la révolution du 4 septembre.

Quelque temps après cette heureuse délivrance, on trouva dans les archives du parquet du procureur de la République, à Béziers, un paquet de cartes se rapportant aux condamnés de la commission mixte de 1852 ; l'une d'elles me concernant, elle me fut remise.

En voici le fac-simile :

800

SAISSET, Etienne, Adolphe,

36 ans, propriétaire, ex-maire, né et demeurant à Capestang (Hérault).   Célibataire.

Pas de charges.

Oui, Messieurs les Représentants, *pas de charges!!*
et l'on m'avait retenu trois grands mois en prison,
à la suite desquels j'aurais dû prendre le chemin de
l'exil, si de puissantes relations ne m'en avaient fait
exonérer!!

Condamner un innocent par méprise, malentendu,
témoignages indécis ou mal interprétés, cela s'est vu
par malheur trop souvent... mais un innocent dont
le juge lui-même reconnaît la non-culpabilité! jamais
monstruosité pareille!!... Cependant les bourreaux
qui m'ont jugé ainsi, de leur aveu et à leur point de
vue, n'avaient rien à me reprocher!!... Que je vou-
drais connaître leur nom, pour le livrer à la publicité
avec le récit de leur bassesse!!... Nul n'a pu me l'ap-
prendre... Ils échapperont donc à l'infamie de leur vile
participation au détestable complot qui fut le signal
de tant de ruines et fit répandre tant de sang!!!

Si ces estimables commissaires mixtes pourtant
étaient encore dans les fonctions, ce serait vivement à
déplorer; car il est de toute évidence que la partialité
de leurs arrêts n'a pu que porter une regrettable at-
teinte au respect qui est dû aux décisions de la justice.

Ma condamnation, uniquement fondée sur le ca-
price de mes juges et la vengeance personnelle, n'é-
tait pas le seul exemple de la partialité des commissions mixtes; le nombre de ceux qu'atteignit semblable
déni de justice fut si grand dans le Midi, que le gouvernement d'alors, peu scrupuleux cependant, s'en
émut; le général Espinasse reçut mission de venir s'en
informer sur les lieux mêmes.

Bien que condamné injustement, d'après le témoignage même de mes juges, je fus désormais, ainsi que je l'ai dit, exposé à tout l'arbitraire d'une administration sans remords; et afin de vous convaincre, Messieurs les Représentants, que mes appréhensions ne provenaient pas de quelque hallucination puérile, suite de mes revers, permettez-moi de vous faire une communication qui démontre qu'à part des vexations personnelles, j'ai couru des périls incontestables, nonseulement de solidarité avec les républicains, dont l'étude m'a conduit à partager aujourd'hui les convictions, mais encore avec les partisans divers de la monarchie.

Voici une pièce trouvée à l'hôtel de la préfecture de l'Hérault et publiée dans le numéro du 19 octobre 1870, par *la Liberté,* journal qui paraît à Montpellier; elle est donc authentique.

« MINISTÈRE DE L'INTÉRIEUR.

« (Très-confidentielle et pour le préfet seul.)

« *Le Ministre de l'Intérieur.*

« Paris, le 26 septembre 1861.

« Monsieur le préfet,

« Par une circulaire en date du 6 juin 1859, mon
« prédécesseur, M. le duc de Padoue, vous a prescrit
« les mesures à prendre dans le cas où un événement
« grave et imprévu amènerait la transmission du pou-

« voir au prince impérial sous le nom de **Napo-**
« léon IV.

« En vous confirmant ces instructions dont je vous
« envoie une copie, je crois devoir les compléter par
« les suivantes :

« Aussitôt après la réception de cette lettre, vous
« établirez une liste de tous les hommes dangereux,
« quelles que soient leurs opinions et leur position so-
« ciale.

« Après avoir étudié avec soin cette liste, vous y
« désignerez les hommes qui, ayant une valeur **quel-**
« conque, soit pour la délibération, soit pour l'action,
« pourraient, à un moment donné, se faire le centre
« d'une résistance, ou se mettre à la tête d'une insur-
« rection.

« Vous formulerez personnellement, et vous si-
« gnerez des mandats d'arrêt pour chacun des hom-
« mes annotés sur votre liste, afin que, au premier
« ordre qui vous serait donné, leur arrestation soit
« opérée simultanément et sans perdre une minute.

« Vous me donnerez communication de la liste
« dressée par vous. Tous les mois vous réviserez
« cette liste ainsi que les mandats d'arrêt qui s'y rap-
« portent.

« *Le ministre secrétaire d'État au département*
« *de l'Intérieur,*]

« F. DE PERSIGNY. »

« MINISTÈRE DE L'INTÉRIEUR.

« (Très-confidentielle.)

« (Note annexée à la circulaire nº 2.)

« 1º Les listes comprendront tous les hommes
« dangereux, républicains, orléanistes, légitimistes,
« par catégorie d'opinion.

« 2º Elles seront tenues exactement à jour, au fur
« et à mesure que quelque fait nouveau parviendrait
« à la connaissance du préfet ; les personnes inscrites
« sur ces listes devront, du reste, être l'objet d'une
« certaine surveillance.

« 3º Les formules de mandat seront imprimées à
« Paris, et remises à MM. les préfets, qui n'auront
« qu'à les remplir de leur main et à les signer.

« 4º Les préfets conserveront ces mandats par de-
« vers eux, en les divisant par circonscriptions de
« commissaires de police.

« 5º Les préfets, dans leurs réunions, détermine-
« ront le mode qui sera employé pour faire opérer,
« sans perte de temps, les arrestations dans les di-
« vers arrondissements.

« 6º Prévoir pour chaque département les lieux
« où seraient tranférées les personnes arrêtées (1). »

(1) Voici les autres dispositions de cette annexe, une note
qui la suit et le modèle des mandats d'amener :

« 7º Conduite à tenir vis-à-vis de l'autorité militaire ; bons
« rapports à établir de suite et toujours ;

« 8º Bien connaître les fonctionnaires dont on est entouré,

La liste de proscription Persigny a-t-elle été réel·
lement dressée?

On ne saurait le révoquer en doute, Messieurs les

« afin de préjuger de leur attitude dans le cas d'un événe·
« ment grave ;

« 9⁰ Manière de se concerter avec les hauts fonctionnaires
« avant de révéler au public l'événement dont il est question ;

« 10° Enfin, délibérer sur les mesures à prendre à l'égard
« des imprimeries et journaux, et la manière de convoquer
« les fonctionnaires pour leur faire prêter serment à l'héritier
« du trône ;

« 11° Chaque préfet qui s'absente doit, avant son départ,
« donner à l'homme revêtu de sa confiance, et qui devrait le
« remplacer, l'ensemble des instructions sous pli cacheté,
« avec autorisation de les ouvrir, et ordre de les faire exé-
« cuter dans le cas prévu par ma circulaire de ce jour. »

« MINISTÈRE DE L'INTÉRIEUR.

« (Très-confidentielle.)

« (Note B annexée à la circulaire n° 2.)

« Confidences à faire au ministre :

« 1° Sur le refus de concours de la part des fonctionnaires
« dans les élections ; sur les opinions et sur l'attitude de ces
« fonctionnaires, procureurs généraux, recteurs, receveurs
« généraux, ingénieurs des ponts et chaussées ;

« 2° Sur les concessions faites aux influences hostiles dans
« les nominations de fonctionnaires des diverses administra-
« tions ;

« 3° Sur les nominations à Paris dans les diverses admi-
« nistrations ;

« 4° Le ministre recevra ces confidences des préfets sous
« la forme d'une simple note, sans indication d'origine et

Représentants; il se trouva des préfets pour préparer de telles scélératesses, comme il y avait eu des juges pour me condamner, malgré leur explicite aveu de

« sans signature, précaution pour éviter que la responsabi-
« lité du préfet soit compromise. »

« MANDAT D'AMENER.

« PRÉFECTURE

« d

—

« Nous, préfet d
« En vertu de l'article 10 du Code d'instruction criminelle,
« Mandons et ordonnons à tous agents de la force publique
« d'amener à la préfecture d
« en se conformant à la loi, 1   no
« pour être entendu   . sur les inculpations dont
« est l'objet ;
« Requérons le commissaire de police d
                    ou autres en cas d'empêchement, de
« faire exacte perquisition chez 1
« à l'effet d'y rechercher et saisir tous papiers, écrits, impri-
« més, correspondance d'une nature suspecte, armes, muni-
« tions de guerre, et généralement tous objets susceptibles
« d'examen, lesquels seront saisis et déposés à la préfec-
« ture d
« avec le procès-verbal qui en aura été dressé et le présent
« mandat ;
« Requérons tous dépositaires de la force publique de
« prêter main-forte à son exécution.
« Fait à   , en notre hôtel,
« le
« Le préfet d   . »

mon innocence; j'ai vu moi-même ce document, à l'occasion que je vais dire :

Sur l'avis d'un ancien condamné de la commission mixte, qui en avait connaissance, m'étant rendu à l'hôtel de la préfecture de Montpellier, M. le préfet me montra une feuille volante, qu'il prit dans un cahier composé de feuilles de même nature : elle portait mon nom, en regard duquel étaient écrites des annotations trahissant l'usage qu'on lui avait destiné sous l'administration précédente. Je remarquai entre elles : *opinions très-exaltées*, et surtout, conformément aux prescriptions de la circulaire ci-dessus : *très-dangereux*.

Je ne me rappelle pas du reste de la rédaction, de fort peu d'étendue d'ailleurs; tout au plus deux lignes complètes.

M. le préfet refusa de me livrer cette pièce, et je ne pensai pas d'en prendre copie.

Mais à quel titre mon nom se trouvait-il sur cette liste, et notamment ainsi qualifié? moi qui, depuis 1852, ai renoncé à la politique active et à toute démonstration pouvant s'y rapporter; moi qui, par une sorte de désistement, bien rare dans nos mœurs, ni avant ni depuis cette époque, n'entrai jamais dans une réunion électorale, soit de républicains, soit de monarchistes d'aucune nuance, sauf une fois, à Capestang, dans un club, en ma qualité de maire, pour le faire fermer, ainsi qu'une nouvelle loi me l'ordonnait?

La cause de cette distinction, Messieurs les Représentants, est des plus simples :

Ma carte, retirée des archives du parquet de Béziers, est copiée d'un registre à souche ; le numéro
qu'elle porte l'indique. Eh bien ! ce registre a certainement fourni au préfet le nom des républicains
qui, ayant été condamnés en 1852, devaient, sans
autre information, figurer sur la liste de proscription
de 1861 ; il ne s'agissait que de rayer le nom de ceux
qui étaient décédés.

Quant au contingent légitimiste et orléaniste, de-
mandé par le ministre de l'intérieur, il était facile de
se le procurer, par l'entremise des commissaires de
police ; on était certain de leur zèle.

Or, cette liste générale de proscription de 1861 se
composant de feuilles volantes, il est de toute évidence
qu'elle avait été copiée d'un registre à souche, comme
les cartes de 1852. L'administration possédait donc
deux documents de ce genre : l'un relatif aux républicains, l'autre aux monarchistes.

Je me plais à espérer, Messieurs les Représentants,
que, dans votre sollicitude bien connue pour l'apai-
sement de nos dissensions, il vous plaira d'ordonner
une enquête, à l'effet de les rechercher l'une et l'autre, afin de les anéantir.

L'impérialisme n'a plus de sympathies parmi nous,
cela est vrai : le dernier empereur nous en a révélé
les exécrables moyens et les funestes conséquences.
Grâce à lui, nous sommes revenus de l'absurde en-
gouement que nous inspirèrent les fantasmagoriques
légendes dont notre génération fut systématiquement
abusée ; le despotisme nous est enfin apparu sans voi-

les, et nous avons maintenant pour lui les sentiments qu'il mérite. Mais si, en prévision d'un simple changement de règne, les dévoués et les intimes avaient résolu les persécutions commandées par la circulaire Persigny, que ne devrions-nous pas attendre de leurs préméditations en vue d'une usurpation nouvelle !

Je ne fais nul doute, Messieurs les Représentants, que semblable éventualité ne vous paraisse des plus chimériques; comme vous, j'en suis très-convaincu; mais il faut reconnaître que, dans l'hypothèse où ceux des fonctionnaires publics qui leur sont affiliés se seraient emparés des registres sur lesquels j'ai l'honneur d'appeler votre souveraine attention, les difficultés de leurs projets se trouveraient singulièrement réduites.

Daignez, Messieurs les Représentants,
 agréer l'expression des sentiments de respect,
  avec lesquels,
   J'ai l'honneur d'être,
    Messieurs les Représentants,
     votre très-humble et très-obéissant serviteur,

      ADOLPHE SAÏSSET.

Béziers, le 7 mai 1872.

Imprimerie L. Toinon et Cie à Saint-Germain.